Monsieur [illegible] Delaroche,
Membre de l'Institut

Hommage de son bien dévoué
B. [illegible]

NOTICE SUR GRÉARD

NOTICE SUR GRÉARD

Ancien Avocat au Parlement de Normandie

A PROPOS D'UN MANUSCRIT DE DROIT NORMAND

Par M. CH. DE BEAUREPAIRE

ROUEN

IMPRIMERIE DE ESPÉRANCE CAGNIARD

RUES JEANNE-DARC, 88, ET DES BASNAGE, 5

1884

NOTICE SUR GRÉARD

Ancien Avocat au Parlement de Normandie

A PROPOS D'UN MANUSCRIT DE DROIT NORMAND

Par M. Ch. de Beaurepaire

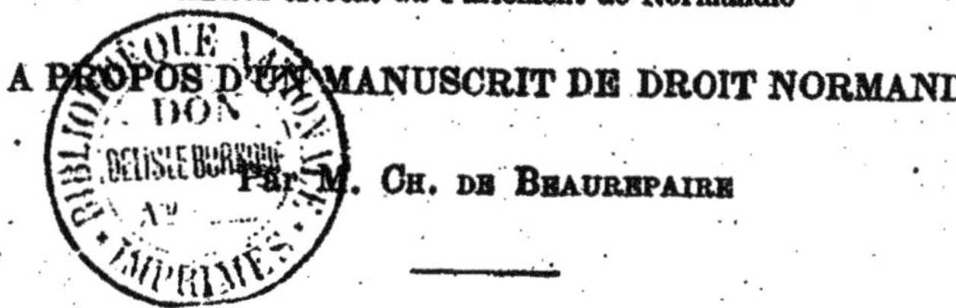

Il m'est tombé sous les yeux, il y a quelques mois,
un manuscrit in-folio, d'une écriture du dernier siècle,
et dont le titre, *Maximes de la Coutume de Normandie*, si respectable qu'il soit, ne paraissait pas avoir
beaucoup séduit les amateurs. Le fait est que, moyen-
nant un prix médiocre, il a pu passer de la boutique du
libraire, où il était venu s'échouer, aux Archives du
département, où il est présentement installé avec honneur, près de volumes, ses congénères, monuments plus
ou moins dédaignés de la jurisprudence de notre ancienne
province.

Ce manuscrit n'est autre chose, comme l'indique une
note jointe au titre, « qu'un recueil de mémoires faits
par les avocats du Parlement de Normandie, lorsque
M. Pellot vint, comme premier président, » au com-
mencement de l'année 1670.

Je ne fais aucun doute que ces mémoires n'aient été rédigés en réponse à des questions que cet éminent magistrat avait lui-même posées, et qu'ils ne lui aient été offerts, à titre d'hommage, par ceux dont il était appelé à juger les débats dans des audiences solennelles. Des poètes, des calligraphes, des enlumineurs, avaient formé, pour la femme du duc de Montausier, Julie d'Angennes, dont le CABINET fut pendant quelque temps l'un des principaux charmes de la société de Rouen, cette fameuse *Guirlande de Julie*, dont les fleurs n'ont point encore perdu leur fraîcheur. Quoi d'étonnant à ce que les avocats de notre Parlement aient eu la pensée de témoigner leur déférence envers une autorité moins gracieuse, mais presque aussi puissante, par une œuvre collective, d'un genre plus sévère, tel qu'on devait l'attendre de leur profession ?

Je n'essaierai pas, à propos de cette composition, d'exposer les matières qui y sont traitées. Elles ne sont pas de ma compétence. J'estime d'ailleurs qu'il faut savoir arrêter ses recherches au point où l'on voit cesser tout espoir d'exciter l'intérêt. Je me bornerai à quelques renseignements et à quelques extraits qui pourront servir à compléter l'intéressante étude de M. Decorde sur l'ancien barreau de Rouen (1).

Un des mérites, en effet, du Recueil dont il s'agit est de nous faire connaître les noms des avocats les plus marquants du Parlement de Normandie à une époque

(1) *Les Avocats au Parlement de Normandie*, Mémoire publié dans le *Précis analytique des Travaux de l'Académie de Rouen*, 1870-1871.

exactement déterminée, et qui est celle de la grande culture littéraire de notre pays.

A l'année où il faut nous r*, orter, ce n'était plus assez, pour les avocats, quand ils prenaient la parole devant la justice, de se montre* *avants jurisconsultes, judicieux interprètes de dispositions législatives alléguées par eux à propos : ils se piquaient encore de bien dire. Ils avaient trouvé enfin un modèle, Patru, « le premier, dit Voltaire, qui ait introduit la pureté de la langue dans le barreau. » La même préoccupation se remarquait dans les magistrats. Je citerai, à titre d'exemple, la harangue que l'avocat-général Le Guerchois eut à prononcer à l'ouverture du palais, le 12 novembre 1669. Je la rapporte d'autant plus volontiers qu'elle concerne les avocats, et qu'elle eut pour auditeurs ceux-là mêmes que l'on devait voir, quelques mois après, s'associer pour la rédaction de notre Recueil.

« Ce discours, disait Le Guerchois, s'adresse principalement aux jeunes avocats qui prennent racine au barreau. C'est à eux à se taire, se souvenant que *in sacrificiis imprimis silentium*. Ils sont semblables à ces arbres nouvellement plantés que les naturalistes appellent *arbores silentes*. Ils prennent racine en terre et se contentent de pousser leur sève, sans porter de fruits. Les jeunes avocats qui entrent au palais, ces arbres nouvellement plantés qui ne donnent point encore de fruit, doivent avoir une grande retenue et garder le silence, qui est tout ce qu'on demande d'eux, et c'est aussi tout ce que Pytagore recommandoit aux jeunes gens de son temps. C'est aux anciens avocats à parler comme ils font tous les jours par leurs sages plaidoiries. Mais ils le doivent faire, sans s'interrompre ; car cela viole le respect qu'ils sont obligés de rendre au lieu où ils sont. Leur fonction est bien différente de celle des guerriers qui se mettent en ordre pour livrer la bataille. Quand ils ont donné l'attaque, ils se meslent tous ensemble et combattent sans aucun ordre ; ils attaquent mesme tous à la fois. Mais les combats qui se livrent sous l'estendart des Muses ne sont pas de mesme. L'attaque se fait séparément comme la défense.

Alternis dicetis, amant alterna camenæ.

« Les avocats doivent encore prendre garde de n'aporter point aux audiences toutes sortes de causes. Il y en a qui ne méritent point le temps de l'audience. Autrefois dans les sacrifices, on ne souffroit point de brûler sur les autels des plumes de pigeons et de tourterelles, que l'on jetoit à costé de l'autel comme une chose trop légère et qui ne le méritoit pas. On ne doit donc pas apporter dans le temple de la justice les causes légères et peu importantes. On les doit décider hors jugement et par l'avis d'un tiers, afin de laisser tout le temps aux grandes affaires. Il est donc bien nécessaire d'interdire toutes les paroles superflues. Il faut donner exemple aux juges subalternes afin qu'ils voyent de quelle manière il se faut comporter, et garder le silence si à propos qu'on n'ayt point lieu de dire que leur juridictions soient mieux réglées et que l'on y plaide d'une manière plus honneste. Le plus souvent les huissiers, par leur négligence, sont cause de tant de bruit que l'on entend aux audiences : au lieu d'y estre pour faire silence, ils prennent le temps pour faire leurs affaires. Il en reste seulement un dans la chaire pour faire figure, qui faict souvent plus de bruict que les autres, ou bien qu'on est obligé d'avertir de faire son devoir. On remarque aussi une autre cause, qui provient de la précipitation des jugements que font les avocats dans le barreau, avant qu'une cause soit achevée d'être plaidée. Ils en décident comme s'ils estoient les juges, dès qu'on a proposé le faict, souvent mesme dès qu'on a posé la question, et cela cause un murmure fort importun qui empesche les juges d'entendre et qui rompt le respect deu à la justice. Mais le plus grand bruit vient de la licence que les procureurs prennent. Leur fonction est de se taire. Cependant ils veulent toujours parler. Les avocats n'ont pas plus tost finy qu'ils crient l'un contre l'autre. Il semble que le lièvre est levé, et qu'il n'y a qu'à courir après. Ils crient comme des grenouilles dans un marais. »

Parmi les avocats, jeunes ou vieux, auxquels s'adressait Le Guerchois, on en compte quinze qui prirent part à la composition du Recueil offert au premier président Pellot. Voici leurs noms, auxquels j'ai ajouté leurs prénoms, autant qu'il m'a été possible de les connaître.

Henri Basnage, s^r de Franquesnay ; — Georges de Cahaigne ; — Jacques Castel ; — Michel de Lespiney ; — Duquesne ; — Guillaume Durand ; — Robert de Fréville ; — Louis Oréard ; — De la Cour ; — Marin Le Fèvre ; — Guillaume Lyout ; — Jean Manoury ; — Nicolas Maurry ; — Laurent Renault ; — Nicolas Theroulde.

A ces noms il faut ajouter ceux de MM. Blondel, conseiller à l'Amirauté; — Bulteau, échevin et marchand; — Chrestien, conseiller à la Table de marbre.

Basnage, aujourd'hui le plus connu, pour ne pas dire le seul connu, traita des légitimations; des institutions d'héritiers et substitutions; du tiers coutumier; des exhérédations; du mariage avenant des filles; du douaire des femmes, avec indication des différences qu'on observait, en cette matière, entre la Coutume de Normandie et celle de Paris; des legs testamentaires; de l'ordre des hypothèques; des récusations de juges.

Gréard traita des nobles et des roturiers; des fiefs de haubert; de la commise; des lods et ventes des contrats; du tiers-et-danger; des nouveaux acquêts et des amortissements; du droit des francs fiefs; du remplacement des propres; du mariage avenant des filles; de la dot; des contre-lettres; du douaire; des droits de la femme sur les acquêts et sur les meubles du mari; des hypothèques; des contrats de constitution, en s'attachant à faire connaître depuis quel temps l'usage s'en était établi; de la subrogation d'hypothèque; des novations; des faux-témoins; de l'indult de MM. du Parlement de Paris; de la présentation aux bénéfices, qui appartenait tant aux laïques qu'aux ecclésiastiques; des résignations des bénéfices et des regrès; des pensions sur bénéfices; des présentations et des droits honorifiques; des dîmes ordinaires, comme elles se percevaient et sur quoi; des dîmes inféodées.

De Lespiney compara la Coutume de Normandie à celle de Paris en ce qui concerne les testaments. Il suffit de lire son savant Mémoire pour apercevoir l'erreur où sont tombés certains publicistes de notre temps, en invoquant, à l'appui de leurs théories sur la liberté testamentaire, la pratique de l'ancien régime. Qu'ils remontent au droit romain : il leur est, en effet, favorable; qu'ils fassent valoir des considérations d'ordre politique et social : elles peuvent avoir leur importance; mais qu'ils s'abstiennent de parler de Coutumes qui les condamneraient, et auxquelles leur système est absolument étranger.

Dans une autre dissertation, il est question des Mémoires laissés par le premier président de Bauquemare, que nous ne connaissons plus que par un Recueil de harangues et par la réformation de la Coutume de Normandie. On n'indique pas où ces Mémoires étaient déposés, ni s'ils étaient historiques ou purement judiciaires.

Il est tel sujet qui a été traité par trois et même par quatre avocats.

Gréard, qui était alors à la tête du barreau de Rouen, fut celui qui fournit le plus grand nombre de dissertations.

Sa supériorité sur tous ses confrères, sans en excepter Basnage, n'est pas seulement attestée par ce fait : elle l'est encore, et plus clairement, par les jugements qu'il porta sur les divers Mémoires présentés à Pellot, vraisemblablement sur la demande de ce dernier.

Je rapporterai quelques-unes de ses notes : — Mémoire de Me Cahaigne. De la séparation civile d'entre le mari et la femme. *Ne vaut pas grand chose. Il sera* bon d'y suppléer par un autre mémoire. — Mémoire de M° De la Cour. *Des donations entre vifs. Pas mal pour un jeune, et avec un fort bon ordre.* — Mémoire de M° Duquesne sur le stellionat. *Copie de Brodeau. Il faut un second mémoire sur ce sujet.* — Mémoire de M° Durand sur le droit d'aubaine et de bâtardise. *La matière étoit grande pour un seul mémoire. On rapporte seulement icy trois ou quatre décisions sans expliquer la nature de ces droits, et il sera bon d'y suppléer par un autre mémoire.* — Mémoire de M° Lyout. De la péremption. *Assez bon, à la réserve du latin et des citations dont on se peut passer.* — Mémoire de M° Maurry. *Des appellations comme d'abus. Ce mémoire est fort bon, et il n'y a que le mot de pourvoi, qui est un mot normand, qu'il faudroit oster.* — Des bénéfices à la nomination du Roy. *Il n'y a rien à ajouter à ce mémoire ni à oster que le mot « en outre ».* — Du concordat. *Il n'y a rien que de bon ; mais la matière estoit belle et ample, et on la traite trop sommairement.* — Mémoire de M° Theroulde. Des rapports et conférences entre les héritiers. *Le mémoire est fort bon.* — Du rapt des mineurs. *Ceci est plutôt un plaidoyer qu'un mémoire. Il ne laisse pas d'être fort bon.* — Mémoire de Bulteau. De la juridiction des Consuls. *Il n'y a rien dans ce mémoire que la date de la création des Consuls.* — Des lettres de change. *Ce qu'il dit est bon, mais il y a quelque chose à suppléer.*

Les notes de Gréard sur les mémoires de Basnage ne sont pas des plus favorables. — Mémoire des institutions d'héritiers et substitutions. *Il ne parle que des institu-tions et laisse les substitutions, qui ne sont pas, en effet, de notre usage.* — Mémoire des exhérédations. *Il se trompe de dire que l'ordonnance ajoute une nouvelle cause d'exhérédation.* — Mémoire des légi-timations. *Ce mémoire est trop succinct, et il semble qu'il a été fait à la hâte.* — Mémoire des legs testamentaires. *Il ne contient pas la moindre partie de ce qui se peut dire sur ce sujet.* — Mémoire du mariage avenant. *Ce qu'il dit est un peu embarrassé. Il seroit bon que quelqu'un y eût encore travaillé.*

Bien que Basnage n'eût point encore publié son célèbre commentaire, il s'était fait une grande réputation au barreau, et l'on ne saurait admettre qu'il ne fût pas en état de traiter dans la perfection les sujets qui lui avaient été proposés, ou dont lui-même il avait fait choix. Cepen-dant les critiques de Gréard s'expliquent assez naturel-lement, sans qu'il y ait lieu de lui supposer le moindre sentiment de jalousie ou de malveillance. Il est plus que vraisemblable que Basnage s'était prêté, par complai-sance pour ses confrères et par égard pour le premier président, à ce travail ingrat de collaboration : il n'avait pas dû y apporter le soin et l'application qu'il mettait aux travaux destinés par lui au public. J'en juge, il est vrai, en profane et par le peu de développement que cet auteur a donné à ses mémoires. On ne peut non plus s'empê-cher de reconnaître que la forme en est un peu négligée, tandis que ceux de son rival ont un caractère de netteté et de précision qui les distingue entre tous et les fait lire encore avec intérêt, malgré l'aridité apparente des matières.

Le plaisir que j'ai éprouvé à en prendre connaissance m'a engagé à faire quelques recherches sur cet avocat, l'une des gloires du barreau de Rouen au XVII° siècle. Ce que je dirai de lui paraîtra insuffisant, mais donnera peut-être l'idée de faire mieux à ceux qui sont obligés, plus que je ne le suis, envers les hommes de sa profession.

Gréard était originaire des environs de Saint-Lô en Basse-Normandie. Vers l'année 1655, il vint s'établir à Rouen, où il épousa la fille de Nicolas Thiault, alors greffier de l'Hôtel-de-Ville.

Il ne tarda pas à s'y faire connaître d'une manière si avantageuse qu'il fut anobli par lettres du mois d'avril 1664, confirmées par d'autres lettres, du mois de février 1665, enregistrées à la Cour des Aides le 30 avril de la même année.

Le registre de la Cour des Aides, où ces lettres se trouvaient transcrites, a malheureusement été perdu. Mais, si nous en croyons l'auteur d'un nobiliaire récemment publié par M. l'abbé Lebeurier, Gréard aurait été anobli sur la demande du duc de Montausier, qui lui était reconnaissant du gain d'un procès. « C'était, ajoute l'auteur de ce nobiliaire, la première cause que Gréard eût plaidée, et, bien qu'il ne fût pas riche, il n'avait voulu recevoir ni argent ni présents (1). »

(1) Ce nobiliaire donne pour armes à Gréard : « d'azur au chevron de sable, deux croissants d'or au chef, et en pointe un coq aussi d'or cresté de gueules. »

Il n'est pas douteux que Montausier n'ait professé la plus grande estime pour Gréard. Ce fut lui qu'il chargea de présenter aux échevins de Rouen les lettres patentes qui le nommaient à l'office de bailli de cette ville en remplacement du duc de Longueville (1). Le souvenir de cet illustre protecteur se conserva pieusement dans la famille de Gréard. Il n'y a qu'à lire ce que dit Froland, qui fut lui-même un jurisconsulte des plus distingués, j'ajouterai un des bienfaiteurs de l'ordre des avocats de Rouen, auquel il donna son portrait et une notable partie de sa bibliothèque.

Voici ce que dit Froland : « Feu M. le duc de Montausier, gouverneur de Mgr le dauphin fils du roy Louis XIV, ayant aussi le gouvernement de la province, un de ces génies supérieurs et dont toute la France a connu la délicatesse de l'esprit, l'aïant entendu prononcer un discours en sa présence, ne put se dispenser de lui dire qu'après l'honneur qu'il avoit reçu de S. M. par le choix qu'elle avoit fait de sa personne pour être le gouverneur de Mgr le dauphin, rien ne lui avait fait tant de plaisir que l'action qu'il venoit d'entendre; et que, si Demosthène, Cicéron et Pline le jeune en

____

(1) 17 déc. 1674. Enregistrement des lettres de nomination de Mgr de Montausier : « Après que Mons. Du Mouchel, 1ᵉʳ conseiller échevin, pour luy et MM. ses confrères, a représenté que le sⁱ Gréard, advocat à la Cour, estoit venu chez lui, suivant l'ordre qu'il luy avoit dit avoir reçu de mondit seigneur, pour luy mettre entre les mains lesd. lettres afin d'estre leues et registrées à lad. ville, il auroit creu debvoir faire convoquer la présente assemblée pour procéder avec plus d'honneur à leur enregistrement. » *Arch. de Rouen*, Délibérations, A. 28.

avoient été témoins, il ne doutoit pas que, remplis
d'honneur et de gloire comme ils étoient, ils ne fussent
morts un quart d'heure après de jalousie. »

On peut en rabattre beaucoup de cet éloge, qui semble
plutôt le compliment aimable d'un homme du monde que
le jugement d'un critique : il en restera toujours assez
pour l'honneur de Gréard, qui fut incontestablement
orateur autant que jurisconsulte. Mais ce qui ne paraît
pas du tout vraisemblable, c'est que Montausier, si
habile qu'il fût à discerner les mérites modestes, ait pu
avoir la pensée de confier la défense de ses intérêts à un
jeune avocat encore inconnu. Ce que l'on peut affirmer,
c'est que, plusieurs années avant que Montausier vint à
Rouen comme gouverneur de Normandie, Gréard s'était
déjà fait fixé dans notre ville et s'y était fait une nom-
breuse clientèle.

Avec la vogue, avec la noblesse et la faveur des plus
hauts personnages de la province, la fortune lui était
aussi venue, rehaussée, suivant la mode du temps, par
des titres de seigneurie, dont il ne semble pas avoir
abusé. Le 25 octobre 1668, il s'était trouvé en état
d'acheter du comte de la Suse les seigneuries d'Aulnay,
de Caugé et des Portes de Ferrières, lesquelles avaient
été incorporées, du temps de Louis XI, à celle des
Landes, pour former une baronnie, et qui en furent
désunies, en faveur de Gréard, par lettres patentes de
décembre 1669, vérifiées en la Chambre des Comptes le
19 mai 1670.

Deux affaires très importantes pour la Normandie et
pour Rouen, en particulier, fournirent aux représentants

du pays l'occasion de lui marquer la confiance qu'ils avaient en son habileté, je veux parler du tiers-et-danger, et du franc-alleu.

Les traitants avaient fait des poursuites contre tous ceux qui avaient des bois dans la province pour le droit de tiers-et-danger, en exécution de l'ordonnance des eaux-et-forêts de 1669 et d'un arrêt du Conseil d'État du 13 août 1670. Ils prétendaient que ce droit était un droit royal, universel, applicable à tous les bois de la province, inaliénable et imprescriptible; qu'il leur permettait de réclamer le tiers et de plus le dixième de la coupe de chaque bois. La Normandie pouvait invoquer contre le fisc, non seulement une prescription de plusieurs siècles, mais une suite de titres et d'actes des plus authentiques. La question, on le voit, n'était pas seulement juridique, elle était aussi historique, et c'est à ce point de vue qu'elle conserve une notable partie de son intérêt. Elle fut traitée par notre avocat avec autant de clarté que de savoir. « L'ouvrage de Gréard eut dans le public un tel applaudissement et dans le Conseil du Roy un tel succès, que Louis XIV, qui régnoit alors, malgré les pressans besoins qu'il avoit du secours de ses sujets pour résister aux violens efforts de la plupart des princes de l'Europe, se porta le premier à rétracter ou, pour mieux dire, à modérer son édit, en jugeant que le droit en question n'étoit point un droit universel, royal, inaliénable, imprescriptible, ce qui remit le calme et la tranquillité dans les esprits de toute la province, qui en avoit été si justement allarmée. » (1)

(1) C'est ainsi que s'exprime Froland, dans la Notice qui précède le mémoire de Gréard sur le tiers-et-danger.

Le mémoire de Gréard, publié dès 1670, fut réimprimé par son neveu Froland, ancien bâtonnier des avocats de Paris, avec preuves, notes et observations, un long avertissement, et une dédicace aux maire et échevins de la ville de Rouen. L'éditeur y parle de Gréard comme d'un « homme distingué par son mérite et son érudition, mais plus encore par ses vertus éclatantes, » comme « d'un savant jurisconsulte, et l'un des plus parfaits orateurs de son siècle. »

L'affaire du franc-alleu ne fit pas moins d'honneur à Gréard. Sous prétexte de quelques termes employés dans un arrêt du Conseil du 28 janvier 1674, interprétatif de la Déclaration des francs-fiefs du mois de mars 1672, les bourgeois de Rouen, exempts et non exempts, avaient été taxés à raison des biens nobles qu'ils possédaient à l'extérieur de la ville et des maisons qu'ils tenaient en franc-alleu dans son enceinte. Pour faire comprendre l'importance des taxes, il suffira de dire qu'elles équivalaient à deux années du revenu des biens.

Les propriétaires de Rouen s'y trouvant, en général, intéressés, le Conseil de la ville n'hésita pas à prendre parti dans l'affaire, qui fut jugée l'une des plus graves qui se fussent encore présentées. Une assemblée générale fut convoquée, et tout le peuple, réuni par quartiers, fut invité à déléguer, pour agir en son nom contre les traitants, les personnes qui lui paraîtraient les plus capables et les plus habiles. C'est ainsi qu'on vit nommer (je ne puis citer que quelques noms) pour le quartier Beauvoisine, les avocats Lepage, Clouet, Basnage et

Guerente ; pour le quartier Cauchoise, Mesnager, le père du futur diplomate, et Chapelier. En même temps qu'on procédait à ces élections dans les quartiers, les vingt-quatre du Conseil, réunis au Bureau, sous la présidence du lieutenant général du bailli, nommaient Gréard pensionnaire de la ville, afin de le mettre de plus en plus dans les intérêts de la communauté. Depuis quelque temps déjà ils lui avaient accordé leur confiance et l'avaient chargé de leurs affaires les plus délicates (1); mais jusque-là ils n'avaient point pu lui donner le titre de pensionnaire, parce que, de tout temps, on s'était fait une règle inviolable de ne conférer ce titre qu'à un avocat *originaire de Rouen*.

On ne comprend plus aujourd'hui le prix que l'on attachait au titre de *bourgeois*. Il ne suffisait pas, pour l'obtenir, d'avoir pris son domicile à l'intérieur de la cité et de supporter certaines charges municipales. Cette bourgeoisie, qui avait ses privilèges définis comme ceux de la noblesse, et non moins soigneusement défendus, était aussi, il ne faut pas l'oublier, partagée entre un nombre considérable de communautés, ayant leur organisation particulière et leurs biens propres, communautés réservées aux familles qui les composaient et où l'élément étranger ne pénétrait que difficilement. Partout régnait un esprit d'exclusion. Le contraste est grand entre cette situation et celle de notre temps, telle qu'elle fut

(1) 1er juin 1668. « Me Louis Gréard, escuier, advocat au parlement, a esté nommé et esleu pour plaider audit lieu toutes les causes de la ville pendant l'absence de M. Coquerel, advocat pensionnaire d'icelle. » *Archives de Rouen*, Délibérations, A. 28.

préparée par les économistes du dernier siècle, et telle qu'elle a été achevée par la Révolution. Reste à savoir si, pour remédier à un abus, que nous n'avons pas l'intention de défendre, on n'est pas tombé dans un autre, et si, par la manière dont nous l'entendons actuellement, nous n'avons pas singulièrement diminué la valeur du titre de *compatriote*.

Pour en revenir au fait qui nous occupe, l'usage de réserver aux rouennais de naissance les charges municipales, et même celle d'avocat pensionnaire de la ville, est d'autant plus remarquable, que cette dernière charge s'exerçait en vertu d'une commission révocable. La ville restait libre de retirer le titre qu'elle avait conféré. Mais, si c'était son droit rigoureux, il est à propos de remarquer qu'elle n'en usait pas, tant l'idée d'inamovibilité était naturellement attachée aux fonctions civiles, de même qu'aux fonctions ecclésiastiques. On en trouve un exemple notable dans l'histoire de la ville de Rouen. L'avocat Coquerel s'était mis à dos tout le Conseil municipal, parce que, dans une contestation qui s'était élevée, pour la préséance, entre les échevins et les avocats du Parlement, il avait porté les plaintes de ses confrères au premier président, oubliant, un moment, qu'il était l'homme de confiance de la ville, pour ne se souvenir que de sa qualité de syndic de son ordre. Les échevins le réprimandèrent, l'exclurent de leurs assemblées ; mais ils se gardèrent de le remplacer, et, au bout de quelques mois, se contentant de quelques excuses de pure politesse, ils le rappelèrent dans leurs assemblées.

C'était précisément à cet avocat que, le 14 mars 1674, il s'agissait pour eux de nommer un successeur.

Ce jour-là, soit par condescendance pour le duc de Montausier, soit en vue de s'attacher plus étroitement un homme dont le concours leur était indispensable, ils dérogèrent, en faveur de Gréard, à un usage constant et conforme au vœu public.

Les termes de la délibération sont à noter :

« Avant que de faire entendre au peuple le subject de la convocation, ayant esté faict considération que M⁰ Louis Gréard, advocat de la ville en Parlement, avoit faict un escript pour la deffence de la ville touchant son privilège des francs-fiefs, où il faisoit connoistre l'injustice des traittants ; que le mérite et la capacité dudit sieur Gréard est connu de la compagnie ; qu'il estoit nécessaire, sans s'arrester à ce qu'il n'est pas originaire, de l'appeler en la présente assemblée comme connoissant l'affaire à fond, qui s'y doibt agiter, et mesme à l'advenir dans toutes les occurrences des affaires de la ville ;

« Il a esté arresté, sans tirer à conséquence, que ledit sⁱ Gréard seroit admis advocat pensionnaire de lad. ville, et que, pour cest effect, il luy en seroit délivré commission, ainsy qu'il est accoustumé ; et ledit sⁱ Gréard ayant esté appelé en l'assemblée, après y avoir presté le serment en tel cas requis, a pris sa séance dans le banc des advocats pensionnaires de la ville. »

Gréard conserva ce titre jusqu'à sa mort, arrivée le 3 mai 1686. Le lendemain, il était inhumé dans l'église de Notre-Dame-de-la-Ronde, sa paroisse, en présence

de Nicolas Thiault, prieur, curé des Portes, son beau-
frère, et de l'avocat Jobar.

Une lettre du duc de Montausier, datée de Versailles,
9 mai 1686, informa les échevins qu'il renonçait à l'idée
de leur désigner un candidat « à la place de ce pauvre
M. Gréard, qu'on venoit de perdre, et qu'il leur laissoit
à faire ce choix, ne désirant rien sinon qu'on jetât les
yeux sur une personne de mérite, et qui lui fût
agréable. »

L'élection se fit le samedi, 18 mai 1688, après qu'on
eut décidé de nouveau, et de la manière la plus explicite,
de revenir pour toujours à l'ancien usage d'exclure
les candidats nés ailleurs qu'à Rouen.

Voici le texte de la délibération :

« Avant que de procéder à l'eslection, Me Nicolas de
Ballandonne, escuier, procureur-scindic de la ville, a
représenté qu'en touttes eslections pour les emplois pu-
blics, il estoit non seulement juste, mais encore d'obli-
gation indispensable, de préférer les originaires des lieux
aux estrangers et aux forains, comme la charité bien
ordonnée nous oblige de secourir plus tost nos parents
et nos compatriottes que des personnes éloignées. Il est
vray que Me Louis Gréard, dernier pensionnaire et
advocat de la ville, estoit originaire de Basse-Normandie,
mais que son mérite distingué l'avoit fait choisir pour
cet employ, ce que toutte la ville n'avoit pas approuvé,
et dont plusieurs personnes s'estoient formalisées, estant
un préjudice et un tort considérable que l'on avoit fait
aux véritables enfans de la ville, à quoy il estoit de
conséquence de faire une sérieuse réflection et de ne pas

donner lieu de dire qu'entre tant d'advocats, enfans de
la ville, qui postulent au Parlement, l'on n'en auroit pas
trouvé un capable de luy rendre ce service, si l'on jettoit
encore les yeux sur un autre et sur un forain que l'on
n'a jamais admis dans le Conseil de la ville, et qu'il est
important de n'y pas admettre pour beaucoup de raisons,
que le procureur-scindic ne trouve pas à propos de dis-
cuter ; mais que son debvoir l'obligeoit à requérir, comme
il fait, que l'on aye à délibérer sur sa réquisition pour
l'intérest général des originaires et enfans de la ville et
arrester qu'à l'advenir aucun forain et qui ne sera point
originaire de cette ville ne pourra estre nommé advocat
et pensionnaire d'icelle ny avoir voix délibérative aux
assemblées.

« Sur laquelle réquisition, a esté arresté qu'il ne sera
plus reçeu à l'advenir aucun advocat pensionnaire que
les personnes originaires de lad. ville, ainsy qu'il s'est
toujours pratiqué.

« Après quoy, ayant esté mis en délibération de faire
la présente eslection à aulte voix, ou par scrutin, il a
esté arresté de faire lad. eslection par scrutin.

« Ce faict, après qu'il a esté procédé à la dite nomination par scrutin, les billets rapportez et mis dans la
boette du scrutin, iceux tirez et leus à aulte voix, il s'est
trouvé avoir esté nommé par scrutin, à la pluralité des
suffrages, Mᵉ Laurent Renault, advocat pensionnaire de
la ville, et que, pour cet effet, il luy en seroit délivré
commission. »

Laurent Renault, dont nous avons déjà cité le nom,
avait concouru à la formation du Recueil de 1670 par

trois mémoires où il traitait des *secondes noces; du privilége des créanciers; d'une chose achetée des deniers d'un autre; des prescriptions.* Parmi les conseillers modernes qui prirent part à l'élection figurait aussi Bulteau, dont nous avons également cité le nom, et à qui l'on attribuait une compétence particulière en matière de droit commercial.

Louis Gréard avait eu de nombreux enfants de son mariage avec Marie Thiault. Quelques-uns moururent en bas âge (1). De deux fils qui lui restèrent, l'un, François, fut curé de Saint-Amand de Rouen de 1698 à 1708 : il mourut en 1709 ; l'autre, Robert-Louis, se fit jésuite, et fut recteur du collège de Rouen de 1720 à 1723 (2). Deux des filles de Gréard, Claude et Louise, entrèrent au monastère de Saint-Amand de Rouen, et l'une d'elles y fut prieure (3). Deux autres, Marie-Louise et Marguerite-Séraphique, entrèrent au premier monas-

(1) Catherine Gréard, décédée le 17 juillet 1669; Anne Gréard, décédée le 28 juin 1675. *État civil* de Notre-Dame-de-la-Ronde, au Palais-de-Justice.

(2) Je tiens de M. Julien Félix, notre obligeant confrère, qu'on conserve à la bibliothèque de la Cour de Rouen un livre qui avait été donné, comme prix de version, à Robert-Louis Gréard, élève de la classe de grammaire du collège de Rouen, le 12 août 1673. Ce volume porte l'*ex-libris* de Louis Gréard, et est orné des armes du P.-P. Pellot. Je suis très porté à supposer qu'il avait fait partie de la collection de livres que Froland, petit neveu et héritier de Gréard, avait donnée à la bibliothèque des avocats de Rouen.

(3) Louise Gréard, prieure de Saint-Amand, décédée à l'âge de soixante-cinq ans, le 8 décembre 1748, après trente-sept ans de profession. Claude Gréard des Portes, âgée de près de quatre-vingt-trois ans, décédée à Saint-Amand le 11 mai 1756.

tère de la Visitation de la même ville, où elles retrouvèrent leur tante maternelle, Marie-Augustine Thiault : elles y moururent dans le cours de la même année, en 1741, l'une Marie-Louise, le 29 octobre, l'autre, Marguerite-Séraphique, le 31 décembre. Pendant trente ans environ, elles avaient été successivement supérieures, et avaient administré si heureusement la maison qui leur était confiée, que ces trente années passent encore pour l'âge d'or de la communauté. J'ai rapporté une lettre de cette religieuse qui donne une haute idée de sa piété et de son crédit (1). Par les parrains et marraines des enfants de Gréard, il est permis de se faire une idée des relations que son mérite lui avait values. Ce sont, le 13 mars 1660, François De la Croix, conseiller en la Chambre des Comptes, et dame Anne Anzeray, femme du président de Franquetot ; — le 29 décembre 1663, Jacques Coquerel, écuyer, doyen des avocats du Parlement, celui qu'on appelait *Bouche d'or*, et à qui Gréard succéda, après quelques années d'interruption, comme avocat pensionnaire de la ville ; — le 19 avril 1668, Ben-Thomas Castel, chevalier, marquis de Saint-Pierre, un bas-normand, comme Gréard, et père du célèbre abbé de Saint-Pierre, et Charlotte Scarron, femme de M. Léonard Agnès de Préfontaine, avocat général au Parlement de Normandie ; — le 30 juillet 1673, messire Claude Pellot, premier président au même Parlement, et dame Anne de Manneville, femme du président Louis Du Fay, marquis de la Haye du Puits.

(1) *Archives de la Seine-Inférieure*, G., 3610.

Froland, neveu de Gréard, hérita de ses papiers, parmi lesquels se trouvaient plusieurs mémoires historiques. Nombre de documents intéressants, recueillis à l'occasion de l'affaire du tiers-et-danger, furent employés dans l'édition des Mémoires concernant ce droit, qu'il publia en 1737. Les volumes, formés par Nicolas Thiault qui s'était associé aux travaux de son gendre, et composés de copies de titres empruntés aux archives municipales, furent offerts par Froland aux échevins de Rouen pour leur bibliothèque, et sont vraisemblablement conservés dans les collections de cette ville.

Ce serait un trop long travail d'essayer de justifier par une étude approfondie les titres flatteurs donnés à Gréard, vers la fin du xviie siècle. Il faut en croire ses contemporains. L'éloquence du barreau ne laisse guère de traces : elle n'attend de récompense que de ceux qui la voient à l'œuvre et en action, et son éclat ne survit pas, en général, aux causes dont elle prépare le triomphe. Peut-être y aurait-il moyen d'ajouter à la réputation de cet avocat, comme savant jurisconsulte et même comme écrivain, par la publication de quelques-unes de ses dissertations manuscrites, notamment de celle qui concerne les nobles et les roturiers, et de celle où il traite des pensions sur les bénéfices, qui me paraissent, l'une et l'autre, des modèles du genre. La pensée m'était venue d'en donner lecture. Mais en réfléchissant au peu d'instants dont l'Académie peut disposer, il m'a paru plus opportun de terminer cette ébauche de notice par une citation où Gréard s'offre à nous sous des traits aimables. Le Guerchois, dans la harangue que j'ai citée, nous montre les avocats « combattant sous l'étendard des Muses. » De notre temps encore, les Muses les inspirent ailleurs qu'au barreau : notre Académie le sait par une agréable expérience.

Une pièce de vers, très courte, insérée parmi les poésies latines de Nicolas Bourget, prêtre caennais, publiées à Caen, chez Poisson, nous autorise à penser qu'à ses moments perdus, entre deux plaidoyers, Gréard, lui aussi, sacrifiait aux Muses.

Cette pièce est intitulée : *Sur la réception de feu monsieur le Guerchois à la charge de procureur général en 1681.*

Pour en comprendre le sens, il faut savoir que les avocats généraux concluaient de vive voix et que les procureurs généraux ne le faisaient que par écrit ; il faut se rappeler encore que Le Guerchois s'était acquis, comme avocat général, une grande réputation d'éloquence, et que, par l'effet de sa nouvelle dignité, il devenait, à son tour, un de ces *arbores silentes* qu'il proposait comme modèles aux jeunes avocats du Parlement.

Ce fut pour Gréard l'occasion d'adresser à Le Guerchois ce compliment rimé :

« Vous dont la sublime éloquence
A consacré le nom à l'immortalité,
Pourquoi, dans le désir d'une autre dignité,
Vous condamnez-vous au silence ?
De l'employ qui vous a tenté
Je connais la grandeur, l'éclat, l'autorité,
Mais enfin vous avez beau faire
Pour vous y signaler ;

> Vous n'acquerrez jamais tant d'honneur à vous taire
> Que vous avez fait à parler. »

On lit au-dessous de ces vers :

Par M. Gréard, fameux avocat du Parlement de Normandie (1).

(1) Cette qualification lui était encore attribuée par les échevins dans une délibération du 17 janvier 1699. V. *Archives de la ville de Rouen*, A. 29 : « Feu Gréard et feu Cocquerel, les plus fameux et les plus distingués [avocats] de leur temps. »

9 782019 987503